VOYAGE

DANS

LA RÉGENCE D'ALGER,

OU

DESCRIPTION

DU PAYS OCCUPÉ PAR L'ARMÉE FRANÇAISE

EN AFRIQUE;

CONTENANT DES OBSERVATIONS SUR LA GÉOGRAPHIE PHYSIQUE, LA GÉOLOGIE,
LA MÉTÉOROLOGIE, L'HISTOIRE NATURELLE, ETC.,

SUIVIES

DE DÉTAILS SUR LE COMMERCE, L'AGRICULTURE, LES SCIENCES ET LES ARTS, LES MŒURS,
LES COSTUMES ET LES USAGES DES HABITANS DE LA RÉGENCE; DE L'HISTOIRE DE SON GOUVERNEMENT
DE LA DESCRIPTION COMPLÈTE DU TERRITOIRE, D'UN PLAN DE COLONISATION, ETC.;

PAR M. ROZET,

CAPITAINE AU CORPS ROYAL D'ÉTAT-MAJOR, ATTACHÉ A L'ARMÉE D'AFRIQUE COMME INGÉNIEUR-GÉOGRAPHE,
MEMBRE DE LA SOCIÉTÉ D'HISTOIRE NATURELLE ET DE LA SOCIÉTÉ GÉOLOGIQUE DE FRANCE.

ATLAS.

Paris,

ARTHUS BERTRAND, LIBRAIRE-ÉDITEUR,

RUE HAUTEFEUILLE, N° 23

1833.

IMPRIMERIE DE Mme HUZARD (Née VALLAT LA CHAPELLE),
Rue de l'Éperon, n° 7.

ATLAS.
Explication des Planches.

CARTE DE LA RÉGENCE D'ALGER.

1. Vue d'Alger, prise sur le bord de la mer. Sud.

Sur le premier plan, à gauche, une portion du faubourg Bab-Azoun, derrière lequel on voit le mur d'enceinte d'Alger. Le milieu du tableau est occupé par le port, formé de la réunion du môle et des forts de la Marine, que l'on aperçoit derrière les vaisseaux.

2. Vue d'Alger, prise sur le bord de la mer. Nord.

À droite, on aperçoit le fort Neuf, devant lequel est une tour octogone, l'un des tombeaux de ces cinq Deys élus et massacrés dans le même jour. Après cette tour, vient un groupe de maisons dont la mer baigne le pied. Plus à gauche, on voit le môle, le phare et les forts de la Marine, derrière lesquels s'aperçoivent dans le lointain les montagnes du Petit-Atlas.

Sur le premier plan, à l'angle de gauche et au milieu du tableau, sont deux batteries de côtes.

3. Café et école de Byrmadrais. Route de Belida.

Le café, ombragé par des arbres magnifiques, occupe le centre; à droite et de l'autre côté du chemin, se voient les bâtimens de l'École, et à gauche le puits qui donne son nom au café.

4. Porte et fontaine Bab-el-Ouad. Intérieur de la ville.

Cette porte est couverte par une terrasse qu'ombrage une superbe treille. A gauche du tableau, est une fontaine mauresque, avec un pot pour boire attaché à une chaîne. A côté de cette fontaine, se trouve l'abreuvoir pour les chevaux adossé contre les bâtimens de la fonderie. La petite porte ronde que l'on aperçoit sur la droite est l'entrée du corps de garde des janissaires.

5. Vue des dehors de la porte Bab-el-Ouad, prise de notre observatoire.

La mosquée que l'on voit sur la gauche est le Marabout de Sydi-Abderrahman, dans lequel se réfugient les Nègres qui veulent changer de maître. Le fort de droite est celui des Vingt-Quatre Heures, environné de tombeaux en ruines. Dans le fond du tableau se développe le mont Bou-Zaria, et sur le devant, le mur d'enceinte d'Alger.

6. Aqueduc de Mustapha-Pacha.

Indépendamment de l'aqueduc qui en occupe le centre, ce tableau représente une partie de la campagne environnante, dominée par les collines sur lesquelles sont bâtis les consulats de Suède, d'Espagne, etc.

7. Four à chaux de Bab-el-Ouad.

Cette masse conique, construite en briques, occupe le centre du tableau; à droite, est un four plus petit; à gauche, un superbe bouleau qui couvre de son feuillage le tombeau d'un Marabout, et dans le fond se développe le mont Bou-Zaria.

8. Marabout de Sydi-Abdekadet, et fontaine sur la route du mont Bou-Zaria.

Ce Marabout, situé en dehors du faubourg Bab-Azoun, est construit sur une pointe de rocher qui s'avance dans la mer, et derrière laquelle on aperçoit le port d'Alger.

La fontaine sur la route du Bou-Zaria donne une idée exacte de la plupart de celles que l'on trouve dans les environs des villes de Barbarie.

9. Environs du fort de l'Empereur.

La campagne qui se trouve au dessous du château de l'Empereur est couverte de beaux arbres, au milieu desquels on aperçoit deux grandes maisons mauresques.

10. Intérieur d'une maison d'Alger.

C'est une grande cour carrée garnie d'une colonnade formant une galerie couverte, dans laquelle donnent les appartemens dont on voit les portes et les croisées.

11. Vue d'une rue d'Alger.

Ce dessin donne une idée très exacte des rues d'Alger et de la manière dont les maisons de cette ville sont construites.

12. Marabout de Sydi-Yakoub.

Ce Marabout, à côté duquel s'élève un olivier magnifique, est bâti sur un rocher dont la mer baigne le pied. A gauche, dans le fond du tableau, on aperçoit la fontaine miraculeuse qui se trouve dessinée dans une autre planche de cette même livraison.

13. Vue de Belida, prise du côté d'Alger.

Tout le devant du tableau est occupé par un cimetière, au milieu duquel se trouve un groupe de fort beaux oliviers. A gauche de ce groupe, on voit quelques maisons et les montagnes du Petit-Atlas; à droite, la porte de la ville et le minaret de la grande mosquée, enfin derrière le mur, le commencement des vergers d'orangers.

14. Vue de Médéya, prise sur la route d'Alger.

Les collines renfermant les sources qui alimentent cette ville occupent la gauche du tableau; l'aqueduc, défendu par une batterie et derrière lequel on aperçoit les montagnes du Petit-Atlas, se trouve au centre; et à droite, sur un mamelon très escarpé, la ville, dont toutes les maisons sont couvertes en tuiles creuses, au milieu de laquelle on remarque le minaret de la grande mosquée.

15. Col de Tenia.

Ce dessin a été fait par M. de Prébois, au moment où un bataillon du 37e régiment de ligne attaquait cette position, en défilant par un sentier tortueux au dessous duquel se trouve un précipice. Les sommets coniques qui occupent le centre du tableau étaient garnis de Berbères qui furent délogés dans un instant par nos voltigeurs.

16. Divers édifices de Médéya.

Nº 1. Mosquée de Médéya. Les deux ailes renferment chacune une galerie couverte; celle de gauche a, en outre, une école donnant sur la rue.

2. Extérieur du palais de Médéya. On voit à gauche des boutiques sous une treille, au centre les portes d'entrée du palais, et à droite une maison particulière avec des boutiques.
3. Grande cour intérieure du palais, dans laquelle donnent les appartemens du prince.
4. Cage où l'on enferme les dames pour les mener promener; quand la personne est entrée dedans, on ferme la porte, et on couvre toute la cage avec une gaze.

17. Vue d'Oran, prise sur le bord de la mer près du fort de la Moune; extraite de l'Album de M. Daiguy.

Les constructions qui s'élèvent sur le mamelon de gauche sont les tours et les remparts de la Nouvelle-Kasha. Dans le fond du tableau, on aperçoit la plus grande partie de la ville mauresque, bâtie à l'orient de la grande vallée, qui en occupe le milieu; de l'autre côté de cette vallée, se trouve la ville espagnole, et au dessous de celle-ci, sur le bord de la mer, la Maison-Carrée, avec une batterie et quelques autres constructions.

18. Fontaines, puits, etc.
N° 1. Fontaine de Sydi-Yakoub, près du Marabout de ce nom, à Alger.
2. Puits que l'on trouve le long des chemins.
3. Fontaine de l'intérieur de Médéya.
4. Porte de Médéya, avec une batterie, côté nord.
5. Marabout de Médéya, avec des tombeaux à l'entour.

19. Tombeaux mauresques, turcs et juifs.
N° 1. Tombeau des Maures de la classe ordinaire, en pierre.
2. id. riche, en ardoise.
3. Tombeau des Turcs, en marbre blanc.
4. Tombeau des Maures de la classe pauvre, en ardoise ou en pierre.
5. Tombeau des Juifs d'Alger, en maçonnerie, surmonté d'un morceau de marbre blanc portant une inscription et taillé de différentes manières.
6. Sépulture particulière d'Alger.

20. Armes, Ustensiles et objets divers.
N° 1. Yatagan des Turcs et des Maures.
2. Épée des Berbères.
3. Hache avec laquelle on décapitait les Turcs, trouvée dans le palais de l'Aga.
4. Faucille des Algériens.
5. Une autre faucille.
6. Couteau avec et sans son étui.
7. Un autre couteau avec et sans son étui.
8. Rasoir pour circoncire.
9. Moule à balles.
10. Poire à poudre des Algériens.
11. Giberne des soldats.
12. Giberne des chefs.
13. Écussons qui étaient sur les canons trouvés à Médéya.
14. Panier des Arabes, fait avec des morceaux de hampe d'agave.
15. Tabouret fait avec la même matière.
16. Guitare des Maures.
17. Guitare des Nègres, recouverte d'une peau de mouton.

21. Monnaies d'Alger et ustensiles de ménage en bronze.
N° 1. Aspre-chique.
2. Deux aspres-chiques.
3. Cinq aspres-chiques.
4. Quaroub qui vaut un demi-mouzoune.
5. Temin-boudjou.
6. Rabia-boudjou.
7. Réal-boudjou.
8. Soudi-boudjou.
9. Robâa-soltani.
10. Nouss-soltani.
11. Soltani (sequin).
1, 2, 5 et 6. Chandeliers.
4. Plat en bronze.
3. Le même avec son couvercle.

22. Ustensiles de ménage en terre cuite.
N° 1. Pot à boire.
2. Instrument dont le fond est garni d'un parchemin, et dans lequel on met des petits cailloux pour faire de la musique.
3. Petite lampe.
4. Grande lampe.
5. Jarre à mettre l'huile, la viande que l'on veut conserver, etc.
6. Pot à eau en grès.
7. Espèce de plat.
8. Pot à huile.
9. Pot à eau.
10. Pot à boire.
11. Pot au lait.
12. Pot à cuire le couscousson, dont le fond est criblé de trous.
13. Pot à huile.
14. Pot pour transporter le lait.
15. Alcarazas.
16. Coupe.
17. Marmite.
18. Coupe.
19. Pot de nuit.
20. Alcarazas.
21. Pot à traire les vaches.
22. Plat pour servir le manger.

COSTUMES.

23. Maure artisan;
Mauresque en ville.
24. Maure riche;
Mauresque en ville, avec le sarmah sur la tête.
25. Koulougli, avec le bernous sur l'épaule;
Mauresque dans son intérieur.
26. Nègre d'Alger en costume de travail;
Négresse en ville.
27. Mauresque parée, dans son intérieur, avec le sarmah sur la tête;
Chaoux en mission.
Maure élégant, avec le bernous sur l'épaule gauche.
28. Juive en ville, couverte de son voile.
Juive en ville, un jour de fête.
Juif d'Alger, avec le bernous sur l'épaule.
29. Berbère au marché.
Berbère-Piskeris.
30. Femme arabe, dans son intérieur.
Arabe guerrier, avec le bernous.

Vue d'Alger prise sur le bord de la mer. Sud

Vue d'Alger prise sur le bord de la mer Nord.

Publié par .... Bertrand à Paris

Café et École de Bymnabrais, route d'Alger à Boufarik.

Porte et Fontaine d'Bab el Canal, Intérieur de la ville

Vue des dehors de la porte : Bab el Oued.

À Paris publié par Arthur Bertrand

Aqueduc de Mustapha Pacha.

Tour et château de Baâl et Camd

Publié par Arthus Bertrand, Paris

Marabout de Sydi-Abdekàdet.

Fontaine sur la Route du mont Bou-zaria.

Jacottet del.

Lith de Lemercier.

Publié par Arthus Bertrand, à Paris.

Vüe des environs du Fort de l'Empereur.

Paris, publié par Arthus Bertrand

Intérieur d'une maison d'Alger.

Publié par Artaus Bertrand, à Paris

Vue d'une rue d'Alger.

publié par Arthus Bertrand à Paris

Marabout de Sydi-Yakoub.

Publié par Arthus Bertrand à Paris

Vue de Médéya

Col de Cenis.

Divers Édifices de Mostaganem.

Publié par Arthus Bertrand, Paris

Vue d'Oran, prise sur le bord de la mer (Nord). Extrait de l'atlas de Mr. Duguay

Publié par Arthus Bertrand, A Paris

Fontaines, Puits &c.

Publié par Arthur Bertrand à Paris

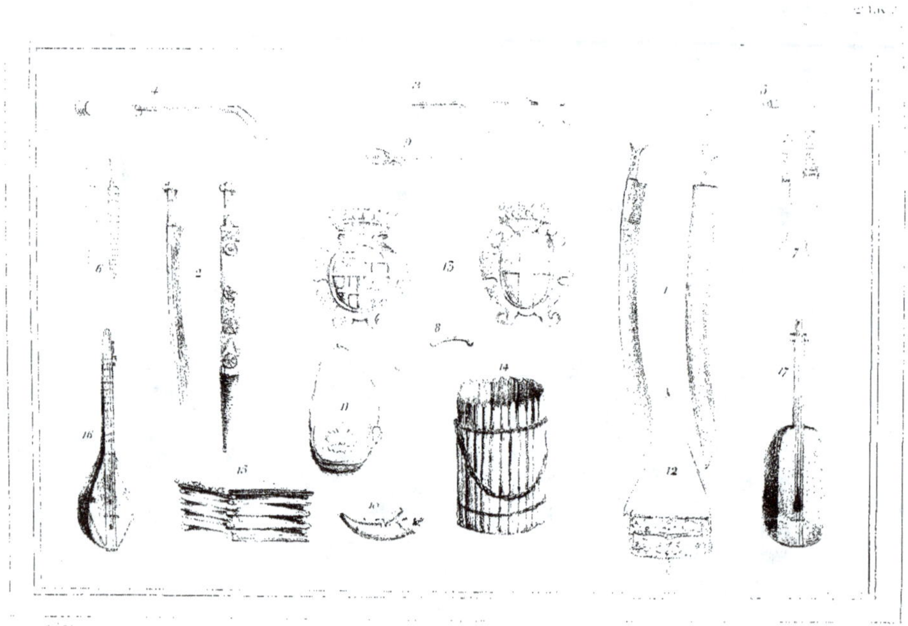

Armes, Instruments et Ustensiles divers.

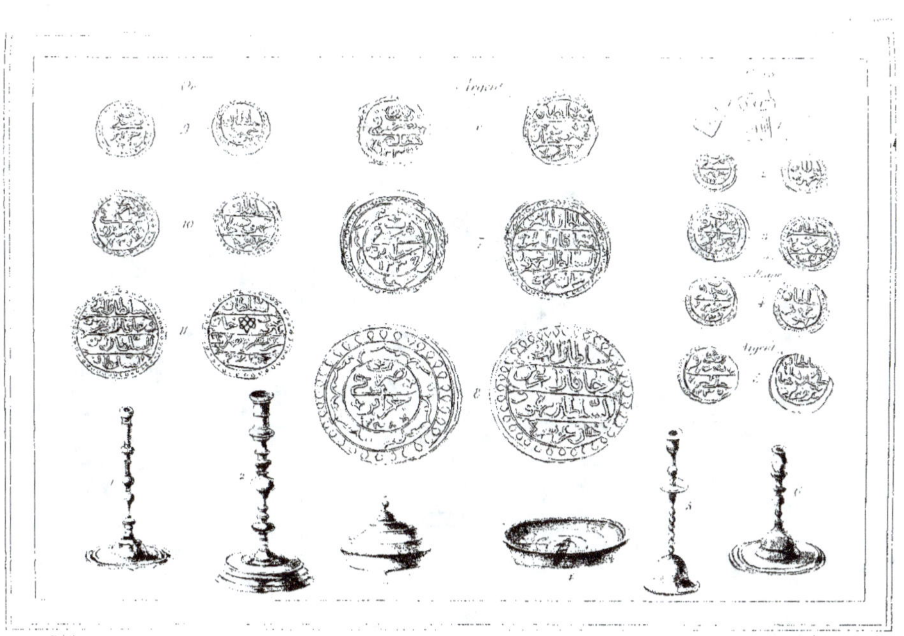

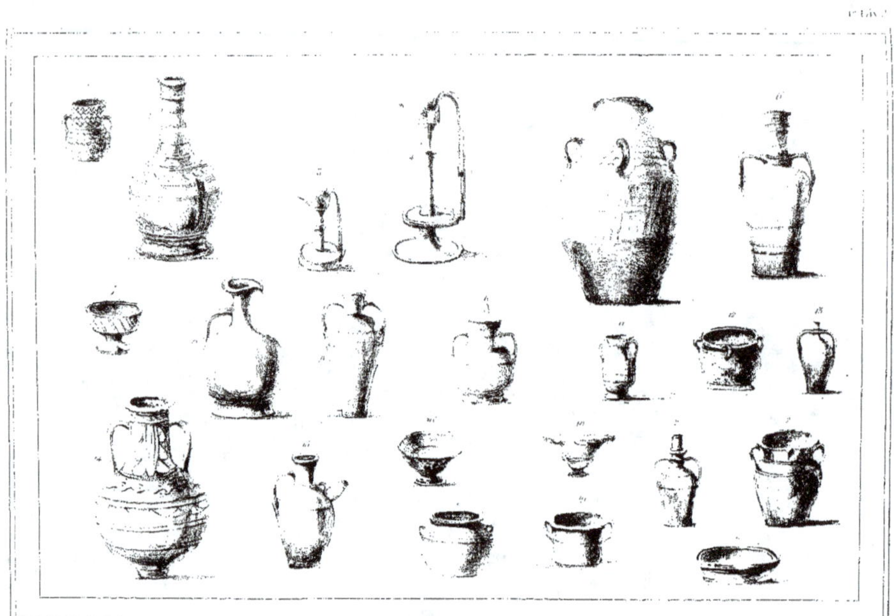

Ustensiles de ménage en terre cuite.

Kouloughli.   Mauresque dans son intérieur.